Gestão
do tempo

Harvard Business Review Press

SUA CARREIRA EM 20 MINUTOS

Gestão do tempo

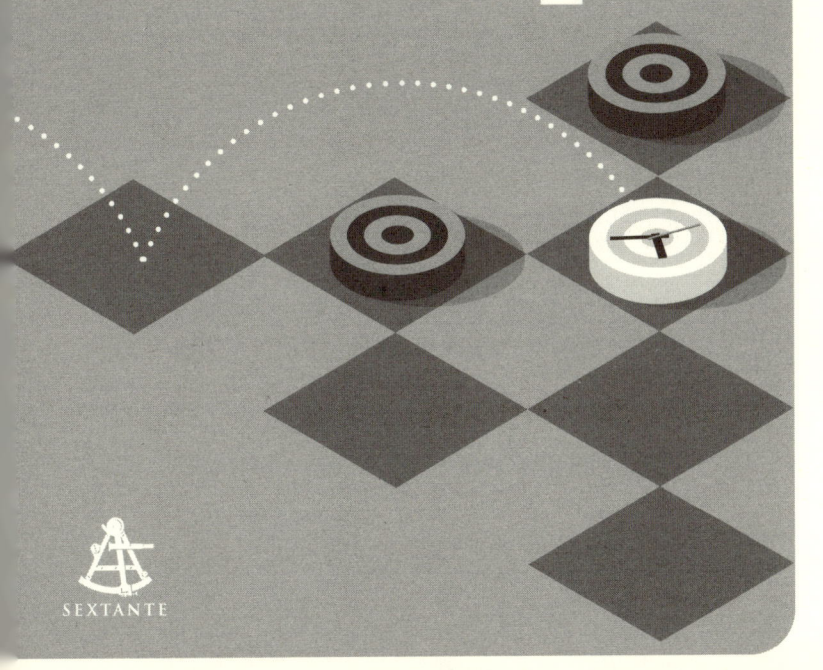

SEXTANTE

Título original: *Managing Time [HBR 20-Minute Manager Series]*
Copyright © 2014 por Harvard Business School Publishing Corporation
Copyright da tradução © 2022 por GMT Editores Ltda.
Publicado mediante acordo com a Harvard Business Review Press.

Todos os direitos reservados. Nenhuma parte deste livro pode
ser utilizada ou reproduzida sob quaisquer meios existentes
sem autorização por escrito dos editores.

TRADUÇÃO:	Marcelo Schild
PREPARO DE ORIGINAIS:	Ângelo Lessa
REVISÃO:	Luis Américo Costa e Midori Hatai
DIAGRAMAÇÃO:	DTPhoenix Editorial
CAPA:	DuatDesign
IMPRESSÃO E ACABAMENTO:	Lis Gráfica e Editora Ltda.

CIP-BRASIL. CATALOGAÇÃO NA PUBLICAÇÃO
SINDICATO NACIONAL DOS EDITORES DE LIVROS, RJ

G333

Gestão do tempo / [Harvard Business Review]; tradução Marcelo Schild. – 1. ed. – Rio de Janeiro: Sextante, 2022.
96 p. ; 18 cm. (Sua Carreira em 20 Minutos)

Tradução de: Managing time
Inclui bibliografia
ISBN 978-65-5564-287-2

1. Administração do tempo. 2. Sucesso nos negócios. 3. Conduta. I. Schild, Marcelo. II. Série.

21-74911

CDD: 650.11
CDU: 005.962.11

Meri Gleice Rodrigues de Souza – Bibliotecária – CRB-7/6439

Todos os direitos reservados, no Brasil, por
GMT Editores Ltda.
Rua Voluntários da Pátria, 45 – Gr. 1.404 – Botafogo
22270-000 – Rio de Janeiro – RJ
Tel.: (21) 2538-4100 – Fax: (21) 2286-9244
E-mail: atendimento@sextante.com.br
www.sextante.com.br

Sumário

Apresentação	7
Por que fazer gestão do tempo?	11
Faça uma autoavaliação	17
Defina seus objetivos	18
Divida suas responsabilidades	19
Monitore como gasta seu tempo	23
Avalie o resultado	26
Desenvolva um plano	33
Recupere seu tempo	33
Crie uma visão panorâmica	35
Tire a prova dos nove	39
Execute seu plano: agende os compromissos em blocos de tarefas semelhantes	45
Como funcionam os blocos	46
Preenchendo blocos de tarefas	49
Como organizar tarefas por ordem de prioridade	52

Siga firme 59
Administre seus prazos 60
Supere a procrastinação 63
Evite interrupções 66
Pense rápido 73

Faça outra autoavaliação 77
Você continua no caminho certo? 78
Voltando a progredir 80

Saiba mais 83
Fontes 89

Apresentação

Você tem coisas demais para fazer em pouco tempo. Isso o deixa frustrado, estressado e o atrapalha no caminho para o sucesso. Mas, apesar de não poder adicionar horas ao dia, você pode descobrir como administrar seu tempo com cuidado e eficiência, por mais escasso que ele seja. Este livro oferece o passo a passo e as ferramentas básicas para ajudá-lo a assumir o controle do seu tempo. Saiba como:

- manter um registro do tempo gasto em cada atividade;
- organizar suas responsabilidades por ordem de prioridade;

- desenvolver um plano para reorganizar seu tempo de forma a refletir seus objetivos;
- administrar prazos;
- criar listas de tarefas detalhadas e focadas na conclusão de projetos;
- evitar interrupções e distrações.

Por que fazer gestão do tempo?

Por que fazer gestão do tempo?

Por que parece que nunca tenho tempo suficiente para fazer tudo?

Se você se faz essa pergunta com frequência, provavelmente está sobrecarregado: precisa encaixar na sua agenda as tarefas diárias e os grandes projetos que seu chefe lhe atribuiu, isso sem falar no tempo que deve dedicar às habilidades que deseja aprender e aos objetivos que pretende alcançar. Você está se desdobrando para lidar com um grande número de tarefas, responsabilidades, projetos e prazos. Sente-se atolado e não sabe se vai dar conta de tudo. Há coisas demais por fazer e o tempo é escasso, pois há um limite para o número de horas que podemos trabalhar.

Quando o tempo é escasso e o progresso, lento, você acaba se sentindo pressionado. E, às vezes, se não consegue fazer tudo o que é esperado de você, chega ao ponto de perder um prazo ou precisar abandonar um projeto.

Mas não tem outro jeito, certo?

Errado. Quer esteja entrando agora no mercado de trabalho, quer seja um profissional experiente tentando lidar com um problema crônico de gestão do tempo, você pode aprender a organizar suas tarefas por ordem de prioridade, fazer planos, ser mais eficiente e alinhar seus cronogramas a seus objetivos. A gestão do tempo não é uma habilidade inata; você pode aprendê-la e aprimorá-la com a prática. Basta ter disciplina.

Não existe uma abordagem de gestão do tempo que sirva para todos, pois cada indivíduo tem interesses, responsabilidades e personalidade diferentes. No entanto, existem boas práticas. Este livro ensina métodos simples e de sucesso comprovado para ficar em dia com seus compromissos – e vai direto ao ponto, para você não perder (mais) tempo.

Você vai aprender a:

- avaliar como está usando seu tempo, descobrindo as atividades ocultas que geram desperdício de minutos e horas;
- identificar seus objetivos, para ter certeza de que está trabalhando para alcançá-los;
- reorganizar seu tempo, priorizando o trabalho e as metas mais importantes para você e sua organização;
- superar os obstáculos que o impedem de fazer o que *deveria* estar fazendo.

Quando pegar o jeito, você perceberá que vale a pena fazer a gestão cuidadosa de seu tempo. Com uma programação mais organizada, terá mais disponibilidade e energia para se concentrar nas habilidades, nas tarefas e nos projetos mais relevantes e recompensadores para você, seu chefe, sua equipe e sua empresa.

Vamos começar?

Faça uma autoavaliação

Faça uma autoavaliação

O PRIMEIRO PASSO para a gestão eficaz do tempo é o autoconhecimento.

Você deve ter uma ideia dos tipos de tarefa que realiza diariamente e de quanto tempo gasta com cada uma. Mas essa percepção nem sempre corresponde à realidade e talvez você esteja superestimando ou subestimando algo, deixando de ver os ralos por onde o tempo está escapando.

Esses erros de avaliação podem se acumular e lhe dar uma visão incompleta de como você tem utilizado suas horas. Para superar esse problema, durante uma ou duas semanas mantenha um registro das tarefas que executa e de quanto tempo gasta em cada uma. Este capítulo mostra como criar um plano de monitoramento e registro funcional.

Monitorar o que você anda fazendo pode parecer muito trabalhoso, mas bastam poucos minutos para obter uma avaliação clara e detalhada de como tem gastado – e desperdiçado – seu tempo. Quanto mais consciente estiver de seus hábitos, mais dados terá para elaborar planos eficazes para gerenciar seu tempo e tomar decisões.

Defina seus objetivos

Antes de começar a monitorar suas atividades, descubra por que está fazendo esse exercício. O que você deseja alcançar administrando melhor seu tempo? Essa pergunta pode parecer bastante simples e você não quer gastar muito tempo com ela (afinal, está sem tempo), mas trata-se de uma questão fundamental, porque a resposta direcionará seus esforços *e* servirá como indicador para o sucesso. Se você sabe aonde quer chegar, fica muito mais fácil descobrir o que fazer para isso acontecer.

O objetivo pode ser pessoal ou profissional. Talvez você queira ter tempo para desenvolver um novo projeto, adquirir uma habilidade ou atingir o padrão de desempenho estipulado por seu chefe. Ou talvez só queira parar de estourar os prazos estabelecidos por seus colegas – ou seu superior. Talvez queira parar de se sentir tão pressionado a trabalhar até tarde no escritório quando, em vez disso, poderia ir para casa ficar com a família. Pode ser uma combinação desses fatores, não importa. O que você precisa é garantir que o objetivo que tem em mente esteja de acordo com o que o seu gestor estabeleceu para você no trabalho ou com o que você mesmo estabeleceu como seu projeto de vida.

Divida suas responsabilidades

Procure tornar o processo de monitoramento do tempo o mais simples, tranquilo e administrável possível.

Para isso, divida seus afazeres em categorias amplas – por exemplo, desenvolvimento pessoal, gestão de subordinados, responsabilidades fundamentais, atividades administrativas – e depois avalie quanto tempo gasta executando as tarefas de cada uma.

Você também pode dividir suas obrigações de outras maneiras, dependendo do tipo de problema que enfrenta. Caso trabalhe em um lugar onde haja grande pressão para cumprir prazos, você pode dividir sua carga de trabalho em tarefas de curto prazo, longo prazo e urgentes. Ou por nível de prioridade: alto, médio, baixo. Neste livro, vamos presumir que você esteja usando categorias como as do primeiro exemplo, mais abrangentes, mas pode escolher qualquer uma dessas opções.

Vigie suas atividades detalhadamente durante uma ou duas semanas. A recompensa será descobrir em que está gastando tempo de forma ineficiente. Se observar que alguma categoria tem sido especialmente problemática – digamos que você pareça perder tempo demais em atividades administrativas –, talvez valha a pena trabalhar apenas essa categoria.

Veja alguns exemplos de categorias para monitorar:

- *Responsabilidades fundamentais.* São as tarefas cotidianas que constituem a essência de seu trabalho. Para um editor de livros, por exemplo, incluem preparar originais e falar com autores. Se alguém lhe perguntasse como é seu dia a dia no trabalho, o que você diria? Provavelmente as atividades citadas seriam suas responsabilidades fundamentais.

- *Desenvolvimento pessoal.* São as atividades e os projetos que você considera valiosos, significativos e recompensadores, mas que talvez não façam parte de suas responsabilidades cotidianas. Pode ser um grande projeto que você assumiu ou uma habilidade que gostaria de aprender. Num mundo perfeito, todo profissional dedicaria muito mais tempo, foco e energia a essas atividades, pois são as que mais contribuem para a carreira e o desenvolvimento pessoal.

  Se você sente que sua carreira caiu na rotina e não está progredindo tão rápido quanto gostaria, essa é a categoria mais importante para ser monitorada. Faça o mesmo caso deseje criar tempo para aprender uma habilidade.

- *Gestão de pessoas.* Você tem subordinados diretos? Trabalha em equipe? Lidera pessoas? Se a resposta for sim para uma das perguntas, você deve registrar quanto tempo gasta gerenciando outros profissionais – a equipe, seus colegas e até seus superiores.

Caso sinta que questões envolvendo outras pessoas estão consumindo grande parte de seu tempo, faça subdivisões dessa categoria, como gestão de superiores, de pares e de subordinados diretos.

- *Atividades administrativas.* São as obrigações que você executa todo dia: enviar e-mails, preencher planilhas, fazer relatórios, aprovar faturas, etc.

- *Crises e incêndios.* Interrupções, urgências, reuniões não agendadas. Questões de última hora podem sabotar até os melhores planos de gestão do tempo, por isso é fundamental monitorá-las. Não é possível prever quando elas acontecerão, mas, caso você consiga identificar determinados padrões – por exemplo, passa em média cinco horas por semana apagando incêndios –, poderá se planejar de acordo com eles.

- *Tempo livre.* Talvez não seja parte oficial de suas obrigações, mas todos precisam fazer pausas no trabalho. A hora do almoço, uma rápida caminhada, uma parada para o cafezinho, uma conversa com um colega, um e-mail pessoal, uma olhada na internet – em pequenas doses, essas interrupções podem descansar a mente e até aumentar sua produtividade e sua capacidade de trabalhar em equipe. Mas, se não for cauteloso, essas pausas breves podem acabar se acumulando.

Conforme categoriza suas responsabilidades, reflita sobre como é seu dia típico de trabalho. Talvez você descubra que deseja substituir algumas delas por outras mais condizentes com seu papel na empresa ou complementar outras que já existem.

Monitore como gasta seu tempo

Após definir as categorias, construa sua ferramenta de monitoramento do tempo. Se você é daqueles que preferem papel e caneta, a ferramenta descrita a seguir funcionará bem. Se prefere dispositivos eletrônicos, existem vários programas e aplicativos de gestão do tempo, e eles simplificam o processo fazendo a maior parte do trabalho e das contas para você. De todo modo, valem os mesmos princípios e é importante compreendê-los.

Independentemente do número de categorias que pretende monitorar, o importante é ser o mais meticuloso possível. Registre o tempo gasto em cada tarefa. No começo, o ideal é incluir todos os detalhes que puder. Ninguém quer tirar tempo de seu cronograma apertado para lembrar a si mesmo como está ocupado, mas quanto mais você se esforçar em monitorar como gasta o tempo, mais confiante se sentirá com os resultados e mais chance terá de encontrar uma solução para o problema.

Para elaborar sua ferramenta de monitoramento do tempo, execute os seguintes passos:

1. No começo da semana de trabalho, crie uma tabela de horários semelhante à Tabela 1. Dedique uma linha a cada dia da semana e uma coluna a cada categoria abrangente.

TABELA 1

Ferramenta de monitoramento do tempo

Semana terminando em 14/4	Responsabilidades fundamentais	Desenvolvimento pessoal	Gestão de pessoas	Crises e incêndios	Tempo livre	Atividades administrativas	Total/dia
Segunda	2 horas	1 hora	3 horas	0 hora	0 hora	2 horas	8 horas
Terça	3	1	4	0	0	2	10
Quarta	7	0	0	1	0	2	10
Quinta	0	3	3	0	0	2	8
Sexta	1	2	0	1	3	2	9
Tempo total/atividade	13 horas	7 horas	10 horas	2 horas	3 horas	10 horas	45 horas
% do tempo	29%	16%	22%	4%	7%	22%	100%

2. Assim que concluir uma tarefa, anote quanto tempo ela levou. Se gastou uma hora da manhã de terça-feira respondendo a e-mails, por exemplo, registre na coluna "Atividades administrativas".

3. Ao final de cada dia, gaste cerca de cinco minutos para calcular quanto tempo demorou em cada atividade. Faça o mesmo no fim da semana.

4. Em seguida, calcule a porcentagem da semana de trabalho gasta em cada atividade.

5. Por fim, visualize os resultados criando um gráfico de pizza (Figura 1) no Excel (digite as categorias e a porcentagem para cada uma delas em uma tabela simples, selecione-a e clique na aba Inserir, depois em Pizza). Dessa forma, fica fácil ver quais atividades estão consumindo a maior parte do seu tempo.

Avalie o resultado

O objetivo deste exercício é identificar padrões e hábitos. É bem provável que seus

FIGURA 1

Gráfico de monitoramento de tempo

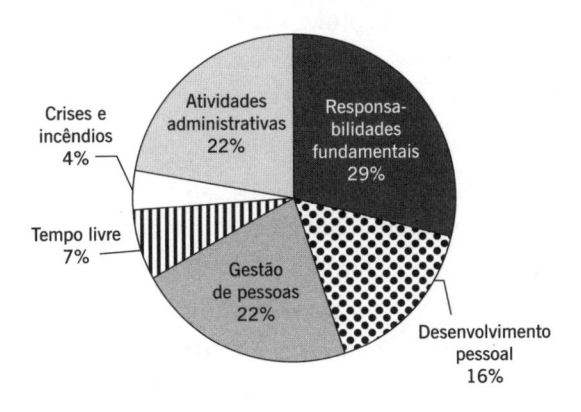

- Crises e incêndios 4%
- Atividades administrativas 22%
- Responsabilidades fundamentais 29%
- Tempo livre 7%
- Gestão de pessoas 22%
- Desenvolvimento pessoal 16%

resultados não estejam alinhados com os objetivos que determinou inicialmente. Talvez você se dê conta de que está gastando muito mais tempo em tarefas administrativas do que imaginava, conversando por tempo demais com colegas ou dedicando muito menos tempo do que gostaria ao desenvolvimento de uma nova estratégia para seu departamento. Talvez tenha pensado que não estava gastando tanto tempo numa categoria específica, mas está. Ou o contrário: você lamenta estar perdendo tempo demais em determinada tarefa, mas descobriu que ela consome bem menos horas semanais que outras categorias e que, na verdade, está desperdiçando mais tempo do que esperava em atividades não relacionadas ao trabalho.

Também é possível descobrir padrões e hábitos inesperados. Digamos que você note que costuma dar uma relaxada nos 30 minutos após uma reunião, que se envolve em conversas exageradamente longas com um colega mais falante ou que sua produtividade cai todo dia perto das 15h. Reconhecer padrões, sejam eles grandes ou pequenos, mostrará que tipo de mudança você deve fazer na maneira de usar o tempo.

Caso tenha flexibilidade, você pode usar os dados obtidos para tomar decisões mais criativas e fundamentadas sobre sua programação diária. Mesmo que tenha pouco ou nenhum controle sobre a disposição das suas horas de trabalho, essas informações podem ajudá-lo a estruturar uma conversa franca com seu gestor. Os números serão úteis: mostre que está gastando 10 horas por semana numa tarefa que não é prioridade estratégica e talvez seu chefe consiga alterar suas responsabilidades.

Depois de levantar essas questões, ficou claro quais prioridades devem mudar e onde devem ser implementadas melhorias. Agora você precisa de um plano para realizar isso.

Desenvolva
um plano

Desenvolva um plano

No ESTÁGIO SEGUINTE – planejamento –, você usará o que aprendeu monitorando como gasta seu tempo e desenvolverá um plano para utilizá-lo com mais inteligência.

Recupere seu tempo

Agora você sabe que tipos de tarefa estão consumindo mais e menos do seu tempo e tem alguma noção de como elas se adéquam ou não a seus objetivos. O passo seguinte é direcionar mais tempo para sua atividade prioritária.

Digamos que seu objetivo seja melhorar na gestão de pessoas, mas você descobriu que gasta apenas uma hora por semana em tarefas relacionadas a isso – o que está longe de ser suficiente. Para atingir seu objetivo, você precisará dedicar mais tempo, energia e recursos a essa atividade. Mas quanto? Três horas? Cinco?

Comece refletindo sobre quais tarefas você precisará executar para atingir seu objetivo. É provável que deseje interagir mais frequentemente com seus subordinados diretos. Um exemplo de como fazer isso é agendar encontros semanais de meia hora com cada um deles; com essa simples mudança você passará a ter mais quatro horas por semana para realizar atividades de gestão de pessoas. Além disso, pense na possibilidade de planejar um treinamento para elas – isso provavelmente consumirá mais meia hora por semana.

O passo seguinte é descobrir de onde tirar esse tempo. Provavelmente você não tem muito tempo livre, portanto precisará diminuir as horas empregadas em outras atividades. Identificar o que cortar pode ser uma tarefa complicada – é preciso realizar as compensações *certas*. Apesar de seu objetivo ser dedicar mais tempo às atividades fundamentais, talvez você não tenha tantas tarefas pouco importantes para descartar. Você pode ganhar tempo eliminando maus hábitos e cortando atividades inúteis ou demoradas, como aquela meia hora depois das reuniões, mas algumas decisões são mais difíceis e exigirão que reveja seus objetivos caso não consiga "encontrar" tempo.

Talvez não seja fácil chegar a uma solução, mas procure fazer a estimativa mais precisa possível. Você poderá supor um número muito mais realista após avaliar os dados de suas outras categorias de trabalho, assunto do qual falaremos a seguir.

Crie uma visão panorâmica

O passo seguinte é aplicar o processo de realocação de tempo mais amplamente em suas outras categorias de trabalho; para isso, porém, você precisará organizar suas tarefas por ordem de prioridade. Para obter sucesso, estabeleça objetivos intermediários. Pode parecer exagero, sobretudo se você teve dificuldades para reorganizar seu tempo e abrir espaço para sua atividade prioritária, mas o esforço é válido porque provavelmente você precisa se dedicar a outras categorias de trabalho além da prioritária.

Siga este passo a passo:

- *Estabeleça as prioridades.* Após descobrir como utiliza seu tempo no trabalho, classifique todas as categorias que criou em ordem de prioridade (em função da importância, não do tempo que gasta nelas atualmente) e coloque-as na primeira coluna da esquerda para a direita – a mais importante no topo, a menos importante na parte inferior, como mostra a Tabela 2 (pág. 40).

- *Faça a realocação de tempo.* Determine quanto tempo pode gastar em cada categoria. Você já fez isso para sua categoria prioritária. Em seguida, descendo a lista, repita o processo com as outras. Seu número de horas semanais é limitado, por isso, se adicionar horas a uma categoria, precisará tirar de outra. Caso você seja muito ocupado, pode ser que não consiga realocar muitas horas, mas mesmo esse pouco já é melhor que nada.

Talvez você precise fazer mais de uma tentativa para que este passo dê certo. Conforme revisa a lista de tarefas, você pode perceber que precisará dedicar mais tempo do que o previsto a determinada categoria. Nesse caso, para compensar, reduza a alocação de tempo em uma ou mais categorias. Com sorte, você descobrirá que pode dedicar menos tempo a alguma tarefa e simplesmente transferir o tempo economizado para uma de suas categorias prioritárias.

Repare também que suas maiores prioridades provavelmente ocuparão uma pequena fração de seu cronograma. Não tem problema. O objetivo não é gastar a maior parte do tempo nelas, mas encontrar tempo *suficiente* para que você alcance seus objetivos.

Por fim, reserve um tempo livre; pode ser útil ter algumas horas por semana para lidar com atividades imprevistas, como um almoço com um ex-colega.

- *Estabeleça objetivos intermediários.* Após a realocação, estabeleça objetivos intermediários em cada categoria de trabalho. O que você precisa finalizar em um mês, um trimestre ou um ano? Assegure-se de que os objetivos estejam de acordo com o que seu gestor estabeleceu, assim como fez quando refletiu sobre seus objetivos gerais no começo do processo.

Tendo em vista que você desejará dedicar a maior parte de seu tempo, seu foco e sua energia às tarefas prioritárias, guarde suas metas mais ambiciosas para essa categoria, mas não deixe de estabelecer objetivos para as outras. Elas o manterão concentrado e motivado.

- *Identifique as tarefas-chave.* Liste as tarefas que você precisará cumprir para atingir os objetivos e coloque-as na coluna seguinte. Quando você sabe quais passos precisa dar, tem mais chance de atingir seus objetivos, e ter mais tarefas a realizar fará com que você se responsabilize por elas. Ou você as executa, ou não: não há como fugir disso.

A Tabela 2 mostra como deve ser uma visão panorâmica. Suas categorias de trabalho, divisões de tempo, objetivos e tarefas-chave provavelmente serão diferentes, mas, seguindo os passos descritos, você não terá dificuldade para elaborar um plano realista e executável.

Tire a prova dos nove

Seus objetivos e seu novo cronograma de trabalho parecem bastante razoáveis no papel, mas, conforme vive na prática a semana de trabalho, você pode descobrir que não são nada realistas. Talvez não tenha calculado corretamente quanto tempo gasta numa tarefa ou demora para fazer a transição entre atividades, ou até esquecido de contabilizar uma categoria de trabalho que não aparece com muita frequência, como um relatório trimestral ou a avaliação anual de desempenho. O capítulo a seguir ensinará a executar seu plano com eficácia, mas é importante que você monitore atentamente seu progresso durante uma ou duas semanas, registrando quanto tempo leva para realizar cada atividade.

Dependendo do que descobrir, talvez você precise ajustar seus objetivos, fazer novas mudanças no cronograma ou as duas coisas. Não se

TABELA 2

Visão panorâmica

Categoria de trabalho	Objetivos	% de tempo necessário	Horas/Semana de trabalho	Atividades principais
Gestão de pessoas	• Assumir um papel mais ativo no crescimento e no desenvolvimento da minha equipe • Desenvolver uma relação melhor com meu chefe	25%	10	• Fazer reuniões semanais com meus subordinados • Providenciar treinamento para minha equipe • Realizar duas reuniões por mês com meu chefe
Desenvolvimento pessoal	• Expandir meu conhecimento em finanças	23%	9	• Fazer um curso on-line de finanças
Responsabilidades fundamentais	• Atingir objetivos pessoais e profissionais deste ano	32%	13	• Desenvolver uma relação mais direta com os clientes • Elaborar um novo plano estratégico para meu departamento

Atividades administrativas	• Ser mais eficiente com os e-mails	13%	5	• Reservar uma hora por dia para lidar com e-mails pouco urgentes ou sem urgência
Crises e incêndios	• Aprender a delegar e priorizar as tarefas mais importantes	5%	2	• Desenvolver um plano para lidar com interrupções no trabalho de acordo com a importância e a urgência do que surgir • Delegar "emergências" menos importantes para outros
Tempo livre	• Fazer pausas restauradoras ao longo do dia	2%	1	• Fazer três caminhadas por semana
Totais:		100%	40 horas	

preocupe: é normal. Caso isso aconteça, analise sua lista de baixo para cima, começando pelas tarefas de menor importância, e veja se consegue reduzir a amplitude de seus objetivos.

Não, você não pode fazer tudo. O objetivo da gestão do tempo não é encontrar maneiras de trabalhar mais, mas de fazer o trabalho *certo* em um ritmo consistente e confortável. Quanto mais realista, razoável e factível for o seu plano, mais sucesso você terá em administrar seu tempo.

Execute seu plano: agende os compromissos em blocos de tarefas semelhantes

Execute seu plano: agende os compromissos em blocos de tarefas semelhantes

Você já descobriu como utiliza seu tempo de trabalho e desenvolveu um plano detalhado para usá-lo com eficiência. O próximo passo é colocá-lo em prática e segui-lo. Para isso, você precisa organizar suas tarefas em blocos de tarefas semelhantes.

A execução é, de longe, a parte mais difícil do processo de gestão do tempo. Por mais bem elaborado que seja, fica difícil seguir um plano quando você precisa fazer malabarismo com vários objetivos, atividades, responsabilidades, reuniões e prazos ao mesmo tempo. Mas, se seguir seu planejamento diário com disciplina, atenção e organização, *é possível* vencer esse desafio.

Como funcionam os blocos

A gestão do tempo em blocos de tarefas envolve dividir seu cronograma diário em pequenos períodos – segmentos de meia hora, uma hora ou duas horas, por exemplo – e depois definir as tarefas para cada segmento. É como se você agendasse reuniões consigo mesmo: defina a pauta e o horário e apareça na hora preparado para trabalhar. Para pôr este método em prática você pode usar uma agenda física ou virtual.

Além de obrigá-lo a ser realista sobre sua capacidade e seu tempo disponível, ao criar blocos de tarefas semelhantes você aprende a agrupá-las. Pense em quando você vai ao supermercado com uma longa lista de compras. Em vez de ficar indo e voltando entre os corredores, você agrupa mentalmente os itens de acordo com a proximidade entre eles no mercado e então percorre os corredores em uma sequência lógica, pegando dois ou três itens em cada seção.

Em geral, não abordamos nossa lista de tarefas no trabalho com essa objetividade. Nem sempre executamos as atividades da maneira mais racional, como faríamos se nos planejássemos. O planejamento diário e a alocação de tarefas semelhantes em blocos evitam esse vaivém e desenvolvem os seguintes aspectos:

- *Responsabilidade.* Ao programar suas tarefas, você aumenta a probabilidade de reservar o número certo de horas para as atividades mais importantes. Além disso, ao criar um cronograma, você fica mais propenso a segui-lo.

- *Eficiência.* Agrupar tarefas similares lhe permitirá fazer mais em menos tempo, pois você não precisará mudar tanto a forma de pensar ao alternar as tarefas.

- *Consciência do tempo.* Você aumentará sua produtividade quando se der conta de que todo o seu tempo está reservado. Além disso, ficará menos propenso a desperdiçar tempo em reuniões de última hora ou em conversas improdutivas.

- *Capacidade de lidar com a pressão saudável.* Quando você sabe que não pode ultrapassar um tempo preestabelecido para realizar algo, fica mais propenso a terminar o que precisa fazer. Se é uma pessoa movida a prazos, pense que a blocagem de tarefas nada mais é que incluir vários prazos ao longo do seu dia.

- *Foco.* Quando você começa a trabalhar distraído ou sem energia, uma hora pode facilmente se transformar em duas ou três. Quando estabelece um limite de tempo, fica mais propenso a se manter concentrado.

- *Eficácia.* Você gasta tempo demais revisando e-mails ou slides finalizados? Não há nada de errado em tentar fazer algo direito, mas às vezes "bom" é suficiente. Ao estabelecer um limite de tempo, você evita o impulso de demorar demais em detalhes sem importância e se obriga a ter uma visão mais geral.

Você pode adaptar os blocos de tarefas às suas necessidades e preferências. Se precisa administrar um grande número de responsabilidades, prazos e projetos conflitantes, talvez valha a pena planejar cada tarefa, atividade ou projeto separadamente. Se seu cronograma é mais estável, pode ser mais útil blocar as atividades de apenas algumas categorias de trabalho – por exemplo, as tarefas administrativas.

Preenchendo blocos de tarefas

Para criar blocos de atividades semelhantes na agenda, execute o passo a passo a seguir. (A Tabela 3 mostra um exemplo.)

1. *Revise suas tarefas.* Em um momento apropriado, digamos, sexta à tarde ou segunda de manhã, analise sua programação para a semana seguinte. Prazos, compromissos, reuniões, tarefas: liste todas as atividades que precisa executar.

2. *Coloque os itens da lista em ordem de prioridade.* Ponha em primeiro lugar as tarefas em que é fundamental cumprir os prazos estipulados; depois, as tarefas que levam a um objetivo maior. Então, agende-as considerando suas tarefas e obrigações

recorrentes. Este é o passo mais importante, portanto dedique a ele toda a atenção. Na próxima seção nos aprofundaremos mais nesse conceito.

3. *Estime um tempo para as tarefas.* Calcule quanto tempo acha que cada atividade levará para ser concluída. Se você não está acostumado a usar agenda e a criar blocos de tarefas, é melhor errar por excesso de cautela, portanto calcule suas tarefas com folga.

4. *Crie blocos de tempo na agenda.* Distribua os blocos de tempo em sua agenda diária (física ou virtual) ou, se quiser, faça antes um rascunho numa folha de papel. O importante é anotá-los onde você mantém um registro de seus compromissos, para executá-los com o mesmo rigor.

5. *Avalie suas estimativas.* Concluídas as tarefas, avalie a precisão de suas estimativas. Observe as tarefas que cumpriu e as que não cumpriu. Isso o ajudará a melhorar suas próximas previsões.

TABELA 3

Blocos de tarefas

Adapte a tabela a seguir a qualquer tipo de agenda física ou virtual.

PROGRAMAÇÃO PARA AS MANHÃS DE SEGUNDA E TERÇA-FEIRA

Horário	Segunda-feira	Terça-feira
8h	**Tarefa:** Pesquisar plano estratégico **Tempo efetivamente gasto:**	**Tarefa:** Pesquisar plano estratégico; ligar para Joe **Tempo efetivamente gasto:**
9h	**Tarefa:** Reunião semanal de equipe **Tempo efetivamente gasto:**	**Tarefa:** Fazer acompanhamento de novos clientes potenciais **Tempo efetivamente gasto:**
10h	**Tarefa:** Delegar tarefa de faturamento **Tempo efetivamente gasto:**	**Tarefa:** Reunir-me com Joe para falar sobre seu volume de vendas **Tarefa:** Ver currículos para cargo de assistente administrativo **Tempo efetivamente gasto:**
11h	**Tarefa:** Responder a telefonemas e e-mails **Tempo efetivamente gasto:**	**Tarefa:** Trabalhar com Jane **Tempo efetivamente gasto:**

Como organizar tarefas por ordem de prioridade

Uma das questões fundamentais da elaboração de uma programação diária é definir a ordem de execução das tarefas. Muita gente não reflete sobre essa etapa, mas, quando a deixamos de lado, executamos o trabalho de maneira errada na hora errada e gastamos mais tempo do que deveríamos em coisas sem importância.

Às vezes, escolhemos uma tarefa por ser mais fácil do que outra ou por nos proporcionar uma satisfação instantânea, apesar de termos coisas mais importantes a fazer; ou trabalhamos em todos os nossos grandes projetos mas negligenciamos tarefas menores. Isso não é necessariamente proposital; precisamos fazer centenas de escolhas todos os dias, e não é fácil se lembrar da visão panorâmica a todo momento.

Mesmo tentando nos manter atentos, às vezes é difícil escolher o que fazer. Você trabalha na tarefa pouco importante mas cujo prazo é hoje ou no grande projeto que só precisa ser concluído daqui a algumas semanas? Será que escolher cumprir primeiro a tarefa mais fácil é uma estratégia tão ruim?

Ao desenvolver um sistema para organizar as tarefas por ordem de prioridade, você simplifica o processo de tomada de decisão e aprende a fazer escolhas mais eficazes.

A lista a seguir – popularizada na Matriz do Tempo, criada pelo especialista em produtividade Stephen R. Covey e incluída no livro *Primeiro o mais importante* – vai ajudá-lo a organizar as tarefas com base na importância e na urgência. Ao examinar um item da lista ou receber uma nova incumbência, decida se ela é urgente (precisa ser feita logo) ou se é importante (tem grande impacto), depois aplique as regras preestabelecidas.

1. *Urgentes e importantes.* São as crises e as tarefas cujos prazos acabam na semana. Digamos que surja um problema com um produto que esteja sob sua supervisão, com o site que coordena ou com um cliente fundamental que você atende. Situações como essas devem ser sempre sua maior prioridade.

2. *Não urgentes porém importantes.* São as tarefas que exercem grande impacto sobre você ou sua organização, mas não são para ontem. Provavelmente estão relacionadas a seus objetivos de longo prazo: a aquisição de uma nova habilidade ou o andamento de um projeto, por exemplo. Como não são urgentes, muitas vezes lhes dedicamos menos tempo do que o suficiente, por isso elas devem ser sua segunda prioridade.

3. *Urgentes porém não importantes.* Precisam ser executadas logo, mas não geram grande impacto se forem entregues com atraso ou deixadas de lado. Para considerar que uma tarefa não tem importância, reflita não só sobre o possível impacto dela sobre você, mas também sobre sua equipe ou organização. Essas devem ser sua terceira prioridade.

4. *Não urgentes e não importantes.* O nome já diz tudo: são as tarefas que não exigem atenção imediata. Devem ficar no fim da fila. Parte da tarefa do gerenciamento

de e-mails pode cair nesta categoria, por exemplo.

Ao ordenar as tarefas por prioridade, você organiza sua programação diária e aumenta a chance de fazer o trabalho certo na hora certa.

Manter a agenda atualizada é um processo contínuo, portanto nem sempre tudo sairá perfeito. Às vezes você errará nas estimativas e às vezes surgirão mudanças rápidas e drásticas; porém, quanto mais a sério você levar o tempo reservado para seu trabalho e suas prioridades, mais realista sua programação será, e maior será sua chance de executar as tarefas mais importantes e urgentes.

Siga firme

Siga firme

UMA BOA GESTÃO DO TEMPO é fundamentada na preparação. Após estabelecer objetivos, definir prioridades e desenvolver um plano, fica mais fácil mantê-la em curso. Como você deve imaginar, mesmo investindo tempo na preparação, nem sempre é fácil. Você pode ser extremamente organizado e autodisciplinado, mas ainda assim terá problemas de vez em quando. Os obstáculos que surgirão no caminho podem levá-lo a ter uma recaída e voltar aos maus hábitos.

Entre os pontos fracos e os desafios mais comuns que nos desviam de nossos planos estão a dificuldade de estabelecer e seguir prazos, a tendência à procrastinação e as interrupções no trabalho, entre elas e-mails e reuniões. Ao administrar bem cada um desses fatores, você permanecerá no controle de seu tempo.

Administre seus prazos

Os prazos de grandes projetos podem ser intimidadores, sobretudo se você está trabalhando em vários outros ao mesmo tempo. Seu cronograma, seus colegas e seu trabalho podem ser prejudicados se você não fizer uma boa gestão do tempo dedicado a cada projeto.

Se você reservou menos tempo que o suficiente para concluir um trabalho e o prazo está se esgotando, terá que abandonar as outras tarefas. Goste ou não, essa é sua incumbência mais urgente e importante (e, talvez, a de outros colegas envolvidos, pois eles dependem de que você faça sua parte). Suas outras tarefas terão que esperar, mesmo que também sejam importantes. E, caso o projeto sofra uma mudança de última hora ou você precise apagar um incêndio não relacionado a ele, talvez acabe estourando o prazo.

Por outro lado, quanto melhor você se preparar para cumprir os prazos, mais confiável e eficaz será. Veja a seguir dicas de como cumprir prazos.

Planeje desde o começo

Veja se o cenário a seguir parece familiar: você recebeu um projeto e fez uma breve estimativa de quanto tempo levaria, mas depois não voltou a pensar nisso. Tempos depois, quando de fato iniciou o trabalho, a situação mudou de figura. O que você imaginava que levaria dias demorará uma ou duas semanas e você perderá o prazo.

Com um pouco de planejamento e disciplina, é fácil evitar essa situação. Quando receber uma tarefa com prazo, pare um instante e estime quanto tempo realmente levará para concluí-la. Pense em como a executará: você a dividirá em partes? Existem estágios lógicos – talvez partes que dependam da colaboração ou do feedback de outras pessoas? Após compreender todas as etapas envolvidas e fazer uma estimativa de quanto tempo se demorará nelas, elabore um cronograma reverso com início na data de entrega e estabeleça prazos menores para cada ponto importante do projeto. Dê a si mesmo tempo suficiente para fazer tudo num ritmo tranquilo e confortável.

Pode parecer bobagem fazer isso com pequenas tarefas, mas, mesmo nesses casos, subdividi-las o ajudará a ser realista sobre o que é preciso ser feito e quando. Portanto, seja disciplinado e aplique isso a todas as tarefas.

Ordene do maior para o menor

Se possível, organize seu projeto de modo que cada subtarefa seja mais curta e fácil do que a anterior – ou seja, comece executando as mais difíceis e cumprindo os prazos mais apertados e termine com as mais fáceis. Com isso, você se livra antes das etapas mais complexas e demoradas, o que o manterá motivado até o fim, porque, após terminar as primeiras tarefas, o resto será mais tranquilo. Além disso, se evitar deixar o trabalho mais difícil para o final, você não empacará perto da linha de chegada.

Ao ordenar as tarefas por dificuldade, você também monitora seu progresso em relação ao prazo. Digamos que esteja executando um projeto que demora seis semanas e, ao fim da terceira, tenha completado metade das tarefas. Como montou o cronograma colocando as tarefas mais desafiadoras e demoradas no início, a segunda metade da lista deve levar menos tempo para ser concluída, por isso você pode ficar confiante de que cumprirá o prazo.

Caso esteja atrasado em relação ao cronograma, você sabe que precisará ajustar suas estimativas e reservar mais tempo para o projeto. Percebendo isso cedo, ainda conseguirá cumprir o prazo.

Supere a procrastinação

Todos procrastinamos trabalhos – em geral, quanto mais apreensivos em relação à tarefa, mais a adiamos.

Isso nem sempre é ruim, afinal, antes de tudo, se o trabalho não é importante nem urgente, *deve* estar no fim da lista de prioridades. Mas, quando você tem a escolha de fazer (a) um trabalho mais importante, (b) um trabalho menos importante ou (c) absolutamente nada e costuma escolher (b) ou (c), a procrastinação pode se tornar um grande problema.

Compreender o motivo desse comportamento ajuda a eliminá-lo. Muitas vezes, isso acontece porque você não deseja executar a tarefa, não é bom nela ou a considera desestimulante. Sempre que sentir o impulso de procrastinar, pergunte a si mesmo se é por um desses motivos e, após determinar a causa, use um dos recursos a seguir.

- *Estabeleça prazos.* Prazos atribuem responsabilidade, portanto são úteis para quem simplesmente não deseja fazer algo. Também funcionam para projetos maiores e intimidadores: para isso, basta dividi-los em tarefas menores e estabelecer um prazo para cada uma. As partes são mais administráveis e você saberá quando precisa concluí-las, portanto ficará menos propenso a adiá-las.

- *Comece com pouco.* Quando não queremos fazer algo, sobretudo uma tarefa grande e difícil, ficamos apreensivos e acabamos procrastinando. O mais comum, porém, é a apreensão ir embora quando colocamos a mão na massa. E o segredo para isso é começar com pouco. Se você está apreensivo porque precisa fazer uma apresentação, por exemplo – toda a parte de preparação e, além de tudo, a fala em público –, não fique pensando que precisa enfrentar todo o trabalho de uma só vez. Pesquise um pouco, tome notas ou faça um brainstorming. Considere esse exercício uma espécie de aquecimento. Quando se sentir mais à vontade, você estará apto a mergulhar no resto do projeto.

- *Peça ajuda.* Se você está enfrentando problemas, peça ajuda a um colega e evite atrasar o trabalho. Parece um conselho óbvio, mas muitos de nós não utilizamos nossos colegas de trabalho com frequência suficiente; em vez disso, nos esforçamos, empacamos e por fim acabamos deixando o trabalho para depois (mesmo sabendo que ele não ficará mais fácil com o passar do tempo). Se um colega pode lhe responder rapidamente, lhe indicar uma direção ou mesmo parar e escutar para entender como resolver o problema, você realizará a tarefa, aprenderá algo e ainda por cima desenvolverá uma relação com ele.

- *Transforme a tarefa num jogo.* Também procrastinamos quando a tarefa não nos proporciona satisfação – algo muito comum em tarefas entediantes, como arquivar documentos ou preencher relatórios de despesas. Não gostamos dessas atividades e não nos sentimos realizados ao cumpri-las. Para resolver esse problema, transforme o dever em um jogo: reúna algumas de suas tarefas mais entediantes, cronometre 15 ou 20 minutos no relógio e comece a trabalhar. Caso você não tenha calculado bem o tempo necessário e essas atividades demandem mais reflexão e atenção do que o esperado, sempre é possível se desafiar a melhorar.

Evite interrupções

Nem todas as interrupções (de e-mails não urgentes a emergências) têm a mesma origem e a mesma importância, mas, como sempre estamos com muita pressa, reagimos como se todas fossem fundamentais.

Estabeleça critérios básicos para garantir que, caso sua atenção seja desviada, você faça a escolha certa e saiba em que precisa se concentrar. Algumas regras de ouro:

- Se o problema é urgente e importante, resolva-o assim que possível. Com isso, você desviará o foco da tarefa atual, mas, conforme discutido no capítulo anterior, esse tipo de preocupação deve ser sua prioridade número um.

- Se o problema não exige atenção imediata e não será resolvido rapidamente, transfira-o para um momento no qual você se dedicará a tarefas menos urgentes.

- Se nenhuma das opções anteriores for viável, peça à pessoa que o interrompeu que solicite a ajuda de outro colega igualmente capaz de resolver o problema.

E-mail

Todos temos uma relação de amor e ódio com o e-mail. Os e-mails são uma forma eficiente de comunicação, mas também podem consumir muito tempo, sobretudo se você responde a cada mensagem assim que ela chega.

Parte do vaivém gerado pelos e-mails é inevitável. Se seu trabalho envolve lidar com clientes o dia todo, por exemplo, você tem que estar sempre de olho na caixa de entrada. Então reflita sobre a natureza do seu trabalho: você precisa mesmo ficar "disponível" o tempo todo? Se não é o caso, não há motivo para largar o que está fazendo toda vez que recebe um e-mail – sobretudo se estiver concentrado em outra tarefa. Claro que você quer responder rápido e estar alerta, mas também não quer ficar respondendo a e-mails o dia todo, pois isso acaba com sua concentração.

Muitos profissionais passam o dia respondendo a e-mails para não ter que lidar com tarefas mais difíceis; com isso, acabam criando para si mesmos uma armadilha que os leva a desperdiçar tempo. Começam respondendo a um e-mail não urgente, depois a outro, depois a outro. Quando isso acontece diversas vezes por dia, você acaba desperdiçando um tempo valioso de trabalhos mais importantes.

Se você percebeu que está gastando mais tempo do que gostaria com a caixa de entrada, tente reservar pequenos blocos de tempo por dia para essa atividade. Pode ser logo de manhã, alguns minutos por hora, antes ou depois do almoço ou logo antes de encerrar o dia – todos esses são bons momentos para você responder a e-mails não urgentes.

Lembre-se: seu objetivo é dedicar o máximo de concentração, energia e tempo às coisas mais importantes. Quando restringe o tempo de responder a e-mails, você dá a si mesmo mais tempo para trabalhar sem interrupções.

Reuniões

Reuniões podem consumir grande parte do dia, sobretudo de gestores. Quando você passa o tempo em salas de reuniões, fica difícil concluir trabalhos importantes.

As reuniões têm objetivos fundamentais: mantêm todos informados, consolidam pontos de vista cruciais e até estimulam a interação social. Só que parte delas não atinge esses objetivos – são supérfluas e ineficazes. É a essas que você precisa ficar atento.

Não importa se foi você quem organizou ou se foi apenas convidado: reflita se o tempo que está gastando em cada reunião é mais valioso do que os outros trabalhos que poderia estar concluindo.

Se você está conduzindo a reunião:

- Não marque reuniões automaticamente com a duração padrão de uma hora. Às vezes, a pauta requer um encontro de apenas metade do tempo ou menos. Veja também se é possível programar reuniões de 20 ou 50 minutos, para que todos possam se organizar e fazer anotações nos 10 minutos restantes.

- Cancele reuniões recorrentes – digamos, a reunião semanal de equipe – caso não tenha uma pauta a tratar.

- Se estiver programando uma reunião para compartilhar informações, veja se não é mais adequado enviar um simples e-mail. Agende reuniões para tratar de assuntos que exijam respostas diretas dos membros da equipe ou que sejam delicados o bastante para que os participantes queiram ouvir o que você tem a dizer pessoalmente (mas não tão delicados a ponto de ser necessário falar individualmente com cada um).

Se você foi convidado a participar de uma reunião:

- Seja mais seletivo ao aceitar convites. Pergunte-se: caso você faltasse, a reunião precisaria ser reagendada? Se a resposta for não, então talvez você possa recusar o convite. Cuidado, pois essa estratégia pode ser arriscada: seus colegas podem tomar decisões importantes sem você ou um superior talvez perceba sua ausência. É possível, porém, amenizar esses riscos obtendo antecipadamente, de seu chefe ou do organizador da reunião, a autorização para faltar e, depois, conversando com os participantes importantes para ver se eles precisam de sua contribuição em algum dos pontos discutidos.

- Se você está atolado e precisa de tempo, avalie as reuniões que já estão em sua agenda: há alguma recorrente ainda sem pauta? Você pode faltar ou remarcar? Não presuma que as reuniões agendadas são invioláveis. Se você aceitou participar da reunião e voltou atrás, verifique com o organizador se sua presença é fundamental – por questão de cortesia, informe que não poderá comparecer –, mas depois, se possível ainda no mesmo dia, converse com os colegas que participaram ou peça as anotações da reunião, caso precise saber o que aconteceu.

É difícil administrar reuniões, pois às vezes elas fogem do controle, e, a menos que você as tenha convocado, não é você quem decide o horário, a duração ou o tema. Mesmo com essas restrições, porém, é possível realizar escolhas mais construtivas. Você é valioso porque faz um trabalho de qualidade, não pelo número de reuniões a que comparece. Selecionar bem as reuniões reflete sua capacidade de priorizar e gerir seu tempo.

Pense rápido

Armadilhas e obstáculos assim sempre surgirão em sua vida profissional; você nunca será capaz de evitá-los por completo. Mas, se estiver sempre atento a essas questões e tiver um plano sólido para lidar com elas, tomará decisões que aumentarão sua capacidade de gestão do tempo e seguirá em frente o mais rápido possível.

Faça outra autoavaliação

Faça outra autoavaliação

A GESTÃO DO TEMPO não é um processo com começo, meio e fim. Mesmo que você descubra quanto tempo gasta em cada tarefa, monte um plano detalhado e inteligente, agrupe tarefas em bloco na agenda e evite as armadilhas mais comuns, é preciso avaliar seu progresso continuamente.

Ao longo do tempo, suas prioridades e seus compromissos mudarão, por isso você precisa ser persistente e ágil para continuar evoluindo. Essas duas características separam os ótimos dos bons gestores. Os ótimos gestores de tempo não apenas preparam e seguem o plano; eles são capazes de improvisar. Aprendem com os próprios erros e fazem ajustes.

Você continua no caminho certo?

É fácil se deixar levar pela correria do dia a dia. Quando isso acontece, perdemos de vista nossos objetivos mais amplos. Portanto, é importante desacelerar para garantir que nossas prioridades profissionais estejam alinhadas a esses objetivos.

A melhor maneira de fazer isso é agendar autoavaliações. Pense nelas como consultas de check-up com um médico. Tudo está funcionando corretamente? Surgiram sinais de alerta com os quais você deve se preocupar? Existem aspectos em que precisa melhorar?

A frequência dos check-ups dependerá de sua situação. Se você está lidando com vários projetos e prazos ao mesmo tempo, talvez valha a pena se avaliar toda semana, de três em três dias ou até ao final de cada expediente. Se está conseguindo executar todos os itens em sua lista de afazeres, cumprindo prazos, atingindo metas importantes e encontrando tempo para trabalhar em projetos, tarefas e habilidades que considera mais importantes, então uma avaliação mensal provavelmente será suficiente.

Uma autoavaliação oferece a você a oportunidade de identificar sinais de aviso e áreas que precisam melhorar antes que seja tarde demais, possibilitando que você altere seu plano e suas prioridades. Mesmo que tudo esteja bem, ao fazer check-ups frequentes você vai, no mínimo, ter paz de espírito por saber que seu plano está funcionando.

Durante a autoavaliação, faça a si mesmo as seguintes perguntas:

- Sinto-me preparado e concentrado todos os dias?

- Tenho tempo suficiente para fazer tudo?

- Estou concluindo as tarefas agendadas?

- Estou progredindo toda semana?

- Na maior parte do tempo, trabalho em um ritmo satisfatório, sem correria?

- Minhas estimativas estão mais precisas?

- Estou cumprindo os prazos?

- Estou atingindo meus objetivos?

Essas perguntas devem servir como ponto de partida. Sinta-se à vontade para acrescentar outras à lista. Se você sabe que tem um ponto fraco – por exemplo, a procrastinação –, vale a pena avaliar quanto está evoluindo nessa área.

Voltando a progredir

Suas respostas às perguntas da autoavaliação determinarão o que fazer:

- *Progredindo.* Se você respondeu "sim" à maioria das perguntas, está no caminho certo. Siga em frente e faça os ajustes necessários.

    Apesar de tudo estar correndo bem, registre o que aprendeu desde a última autoavaliação. Se calculou errado quanto tempo um projeto levaria, por exemplo, tome nota. Assim, você evita cometer o mesmo erro duas vezes. A gestão do tempo é um processo de aprendizado contínuo. Às vezes você errará, mas, desde que aprenda algo, tomará decisões mais acertadas no futuro. Essa é a hora de registrar o aprendizado para colocá-lo em ação na próxima oportunidade.

- *Não progredindo*. Se você respondeu "não" a várias perguntas, talvez precise fazer mudanças. Algumas podem ser óbvias. Se não está cumprindo os prazos, você pode resolver o problema aumentando o tempo de suas estimativas. Em alguns casos, porém, é mais difícil descobrir que mudanças fazer. Se não está se aproximando de seus objetivos mais amplos, por exemplo, talvez precise refletir bastante para encontrar uma solução.

  Um bom ponto de partida é a visão geral que você criou – suas prioridades, seus objetivos e sua forma de organizar a agenda. Você estabeleceu objetivos ambiciosos demais? Está reorganizando as tarefas da maneira errada? Estabeleceu corretamente suas prioridades?

  Se você cometeu um erro de cálculo ou não percebeu algo, não se preocupe: é normal fazer ajustes nesses fatores. Quando isso acontecer, diminua seus objetivos, realoque tarefas ou reordene suas prioridades.

Se continuar perdido, tente descobrir novamente como gasta seu tempo. Talvez você não tenha percebido algo na primeira vez, sua carga de trabalho tenha aumentado ou você tenha adquirido alguns maus hábitos nesse meio-tempo.

Mesmo que você não esteja progredindo no momento, o importante é continuar aprendendo. Portanto, realize mudanças. Esforce-se para melhorar. Faça autoavaliações contínuas. Quando você se prepara, se planeja, organiza suas prioridades e executa as mudanças necessárias, torna-se um gestor de tempo eficaz.

Saiba mais

Pesquisas recentes

Birkinshaw, Julian e Jordan Cohen. "Make Time for Work That Matters". *Harvard Business Review*, setembro de 2013.

O artigo revela quanto tempo profissionais do conhecimento podem economizar eliminando e delegando tarefas sem importância e substituindo-as por outras de alto valor. Os autores descrevem um processo que identifica tarefas desnecessárias. Depois, sugerem abandoná-las, delegá-las ou reestruturá-las e usar o tempo livre para trabalhos mais valiosos. O artigo inclui um questionário para autoavaliação.

Mogilner, Cassie. "You'll Feel Less Rushed If You Give Time Away". *Harvard Business Review*, setembro de 2012.

Esse artigo de perguntas e respostas compartilha uma pesquisa na qual revela que oferecer seu tempo a outras pessoas pode fazer você se sentir menos pressionado e com mais tempo.

Clássicos

Billington, Jim. "Fairly Timeless Insights on How to Manage Your Time". *Harvard Management Update*, fevereiro de 1997.

Grande parte da literatura sobre gestão do tempo enfatiza como fazer mais coisas em menos tempo – em suma, como gerir uma lista de afazeres. Neste artigo, Billington afirma que gerentes devem visualizar o resultado final "indo até a sacada, observando todo o campo de jogo e percebendo onde seu trabalho deve se encaixar". Eles devem gastar a maior parte do tempo em trabalhos realmente importantes e evitar o vício em tarefas urgentes – apagando incêndios, retornando ligações, emitindo memorandos e participando de reuniões que podem levar o dia inteiro mas que não acrescentam nenhum valor duradouro. Conta com uma lista de dicas práticas para aumentar sua eficiência.

Blanchard, Kenneth; William Oncken Jr. e Hal Burrows. *The One Minute Manager Meets the Monkey*. Nova York: Quill, 1989.

A mensagem deste livro é: permita que seus subordinados diretos assumam as tarefas que eles podem e devem fazer. Confie neles e treine-os, mas não faça o trabalho que lhes cabe.

Mackenzie, Alec e Pat Nickerson. *The Time Trap: The Classic Book on Time Management*. 4. ed. Nova York: American Management Association, 2009.

Nickerson atualiza o clássico de Mackenzie sobre "armadilhas do tempo" que nos impedem de ser tão produtivos quanto gostaríamos. Os autores identificam armadilhas – como "a incapacidade de dizer não" e "a incapacidade de delegar e treinar subordinados" – e dão conselhos sobre como evitá-las.

Morgenstern, Julie. *Time Management from the Inside out: The Foolproof System for Taking*

Control of Your Schedule and Your Life. 2. ed. Nova York: Henry Holt, 2004.

Aqueles que temem a "gestão do tempo" porque não querem ter uma vida entediante ou sempre pular de reunião em reunião ficarão tranquilos ao perceber que o sistema de Morgenstern é bastante personalizável. A autora enfatiza que o mais importante a fazer é criar um sistema de gestão do tempo que se adéque ao estilo pessoal de cada profissional – seja o sistema espontâneo e relaxado, seja o altamente esquematizado e eficiente.

Oncken, William Jr. e Donald L. Wass. "Aula de gestão: quem vai descascar o abacaxi?". In: *Fazendo o trabalho que precisa ser feito*. Rio de Janeiro: Sextante, 2018.

Muitos gerentes se sentem sobrecarregados. Eles têm problemas demais – muitos abacaxis – para resolver. Muitas vezes, ficam assoberbados, enquanto seus subordinados estão ociosos. Este texto, um clássico de 1974 da HBR escrito pelo falecido William Oncken Jr. e por Donald L. Wass, descreve um fenômeno comum, mas ensina o gestor a reverter o quadro e a delegar com eficiência. No texto que acompanha o artigo, Stephen R. Covey discute o poder duradouro dessa mensagem e mostra como as teorias de gestão do tempo têm progredido além da ideia de Oncken e Wass.

Peters, Thomas J. "Leadership: Sad Facts and Silver Linings". *Harvard Business Review*. Edição ampliada OnPoint. Boston: Harvard Business School Publishing, 2001.

Esse artigo sugere que os "fatos tristes" da gestão podem ser transformados em oportunidades para comunicar valores e persuadir. A natureza fragmentada do dia de trabalho de um executivo pode criar oportunidades de lidar aos poucos com suas tarefas. Essa fragmentação permite ao gestor fazer sintonias finas e testar quantas vezes for necessário os sinais estratégicos que são enviados à empresa.

Fontes

Birkinshaw, Julian e Jordan Cohen. "Make Time for the Work That Matters". *Harvard Business Review,* setembro de 2013.

Bregman, Peter. "A Better Way to Manage Your To-Do List". HBR Blog Network, 24 de fevereiro de 2011. http://blogs.hbr.org/2011/02/a-better-way-to-manage-your-to.

Cardwell, Lynda. "Making the Most of 'Slow Time'". *Harvard Management Update,* setembro de 2003. http://blogs.hbr.org/2008/02/making-the-most-of-slow-time-1.

Find Your Focus: Get Things Done the Smart Way. Revista *HBR OnPoint,* novembro de 2013.

Harvard Business School Publishing. *Harvard Manage-Mentor*. Boston: Harvard Business School Publishing, 2002.

Harvard Business School Publishing. *Fazendo o trabalho que precisa ser feito*. Rio de Janeiro: Sextante, 2018.

Harvard Business School Publishing. *Pocket Mentor: Managing Time*. Boston: Harvard Business School Press, 2006.

Saunders, Elizabeth Greene. "Break Your Addiction to Meetings". HBR Blog Network, fevereiro de 2013. http://blogs.hbr.org/2013/02/break-your-addiction-to-meetin.

CONHEÇA OUTRO LIVRO DA COLEÇÃO

SUA CARREIRA EM 20 MINUTOS

Conversas desafiadoras

Quando você tem um problema, as pessoas lhe dizem para "falar a respeito", mas ninguém explica como fazer isso. Este livro ajudará você a passar da paralisia para a ação produtiva e a encontrar as palavras e os métodos certos para se expressar.

Você vai aprender primeiro a identificar quando há a necessidade de ter uma conversa difícil e depois as técnicas para destrinchar e compreender os pontos sensíveis que a compõem, para então elaborar uma abordagem eficiente, aberta a adequações.

Finalmente, você descobrirá como desenvolver habilidades proativas de comunicação – entre elas, pensar antes de falar, só tomar uma posição depois de escutar, conectar-se com as outras pessoas e abordar problemas diretamente –, tornando-se capaz de forjar relações muito mais transparentes e produtivas.

CONHEÇA OUTROS LIVROS DA HARVARD BUSINESS REVIEW

COLEÇÃO INTELIGÊNCIA EMOCIONAL

Resiliência

"Resiliência" se tornou a palavra da moda no mundo corporativo – e por uma boa razão.

A aptidão para se adaptar, crescer e prosperar em meio às adversidades tem sido a chave para o sucesso de muitas pessoas e para a existência de negócios duradouros.

Este livro ajudará você a entender como tirar lições mesmo das críticas mais amargas e se tornar capaz de enfrentar os diferentes estresses do dia a dia, abordando temas como:

- O mecanismo da resiliência
- Como avaliar, gerenciar e fortalecer sua resiliência
- Como grandes líderes se reergueram após desastres em suas carreiras

Empatia

A empatia é um fator crucial para melhorar os relacionamentos e até mesmo aprimorar o desenvolvimento de produtos.

Embora seja fácil dizer "basta se colocar no lugar do outro", entender as motivações e emoções das outras pessoas é um grande desafio.

Este livro ampliará sua compreensão da empatia e ajudará você a se tornar mais sensível às necessidades dos outros, abordando temas como:

- O que o Dalai Lama ensinou a Daniel Goleman sobre inteligência emocional
- Por que a compaixão é uma tática gerencial melhor do que a agressividade
- O que os bons ouvintes realmente fazem

Felicidade

Qual é a verdadeira natureza da felicidade e como podemos alcançá-la na vida profissional? Vale mesmo a pena persegui-la a todo custo?

Antigamente, acreditava-se que os sentimentos não tinham importância no trabalho. Hoje sabemos, com base em pesquisas, como as emoções influenciam a criatividade e a tomada de decisões. Pessoas felizes tendem a trabalhar melhor e a desenvolver relacionamentos mais saudáveis com os colegas.

Este livro apresenta princípios de gestão que constroem a felicidade no ambiente profissional e mostra como derrubar os mitos que impedem você de ser feliz em sua carreira, trazendo assuntos como:

- As pesquisas que ignoramos sobre felicidade no trabalho
- Como gerar um desempenho sustentável
- A ciência por trás do sorriso

CONHEÇA OS TÍTULOS DA *HARVARD BUSINESS REVIEW*

10 leituras essenciais

Desafios da gestão
Gerenciando pessoas
Gerenciando a si mesmo
Para novos gerentes
Inteligência emocional
Desafios da liderança
Lições de estratégia
Gerenciando vendas
Força mental
Alto desempenho

Um guia acima da média

Negociações eficazes
Apresentações convincentes
Como lidar com a política no trabalho
A arte de dar feedback
Faça o trabalho que precisa ser feito
A arte de escrever bem no trabalho
Como lidar com o trabalho flexível
Como melhorar a saúde mental no trabalho

Sua carreira em 20 minutos

Conversas desafiadoras
Gestão do tempo
Feedbacks produtivos
Reuniões objetivas

Coleção Inteligência Emocional

Resiliência
Empatia
Mindfulness
Felicidade

Para saber mais sobre os títulos e autores da Editora Sextante,
visite o nosso site e siga as nossas redes sociais.
Além de informações sobre os próximos lançamentos,
você terá acesso a conteúdos exclusivos
e poderá participar de promoções e sorteios.

sextante.com.br